PLANETA ANIMAL

EL MANATÍ

POR KATE RIGGS

CREATIVE EDUCATION • CREATIVE PAPERBACKS

Publicado por Creative Education
y Creative Paperbacks
P.O. Box 227, Mankato, Minnesota 56002
Creative Education y Creative Paperbacks son marcas
editoriales de The Creative Company
www.thecreativecompany.us

Diseño de The Design Lab
Producción de Rachel Klimpel
Dirección de arte de Rita Marshall
Traducción de TRAVOD, www.travod.com

Fotografías de Alamy (Blue Planet Archive, Jeff Mondrag-
on, Stephen Frink Collection, WaterFrame), Dreamstime
(Michael Wood), Getty (James R.D. Scott, Stephen Frink),
Stock (33karen33, ShaneGross, tobiasfrei), Shutterstock
(Jeff Stamer)

Library of Congress Cataloging-in-Publication Data
Names: Riggs, Kate, author.
Title: El manatí / Kate Riggs.
Other titles: Manatees. Spanish
Description: Mankato, Minnesota: Creative Education and
Creative Paperbacks, 2023. | Series: Planeta animal |
Includes index. | Audience: Ages 6–9 | Audience: Grades
2–3 | Summary: "Elementary-aged readers will discover
how manatees use their whiskers to search for food. Full
color images and clear explanations highlight the habitat,
diet, and lifestyle of these fascinating sea creatures"—Pro-
vided by publisher.
Identifiers: LCCN 2022007761 (print) | LCCN
2022007762 (ebook) | ISBN 9781640265837 (library
binding) | ISBN 9781682771389 (paperback) | ISBN
9781640007024 (ebook)
Subjects: LCSH: Manatees—Juvenile literature.
Classification: LCC QL737.S63 R54518 2023 (print)
| LCC QL737.S63 (ebook) | DDC 599.55—dc23/
eng/20220315
LC record available at https://lccn.loc.gov/2022007761
LC ebook record available at https://lccn.loc.
gov/2022007762

Tabla de contenidos

Sus aletas curvadas le ayudan al manatí a girar y a voltearse dentro del agua.

El manatí es un mamífero que vive en aguas cálidas. Hay tres **especies**. El manatí antillano puede verse en las costas de Florida y el Caribe. Otros manatíes viven en África y Sudamérica.

especie grupo de animales similares (o con parentesco cercano)

mamíferos animales de sangre caliente que tienen columna vertebral

El cuerpo del manatí está cubierto de bigotes. Estos pelos cortos y tiesos le ayudan al animal a sentir dónde hay comida. El manatí tiene un labio superior dividido en dos partes. Cada parte funciona como un dedo para sujetar el alimento.

Los bigotes del hocico del manatí son ultra sensibles.

Los manatíes son animales grandes. Algunas personas los llaman "vacas marinas". Muchos pesan alrededor de 1.200 libras (544 kg). Pueden llegar a medir hasta 13 pies (4 m) de largo. El manatí del Amazonas es el más pequeño. Generalmente, no pesa más de 1.000 libras (454 kg).

El manatí antillano macho puede pesar hasta 3.000 libras (1.361 kg).

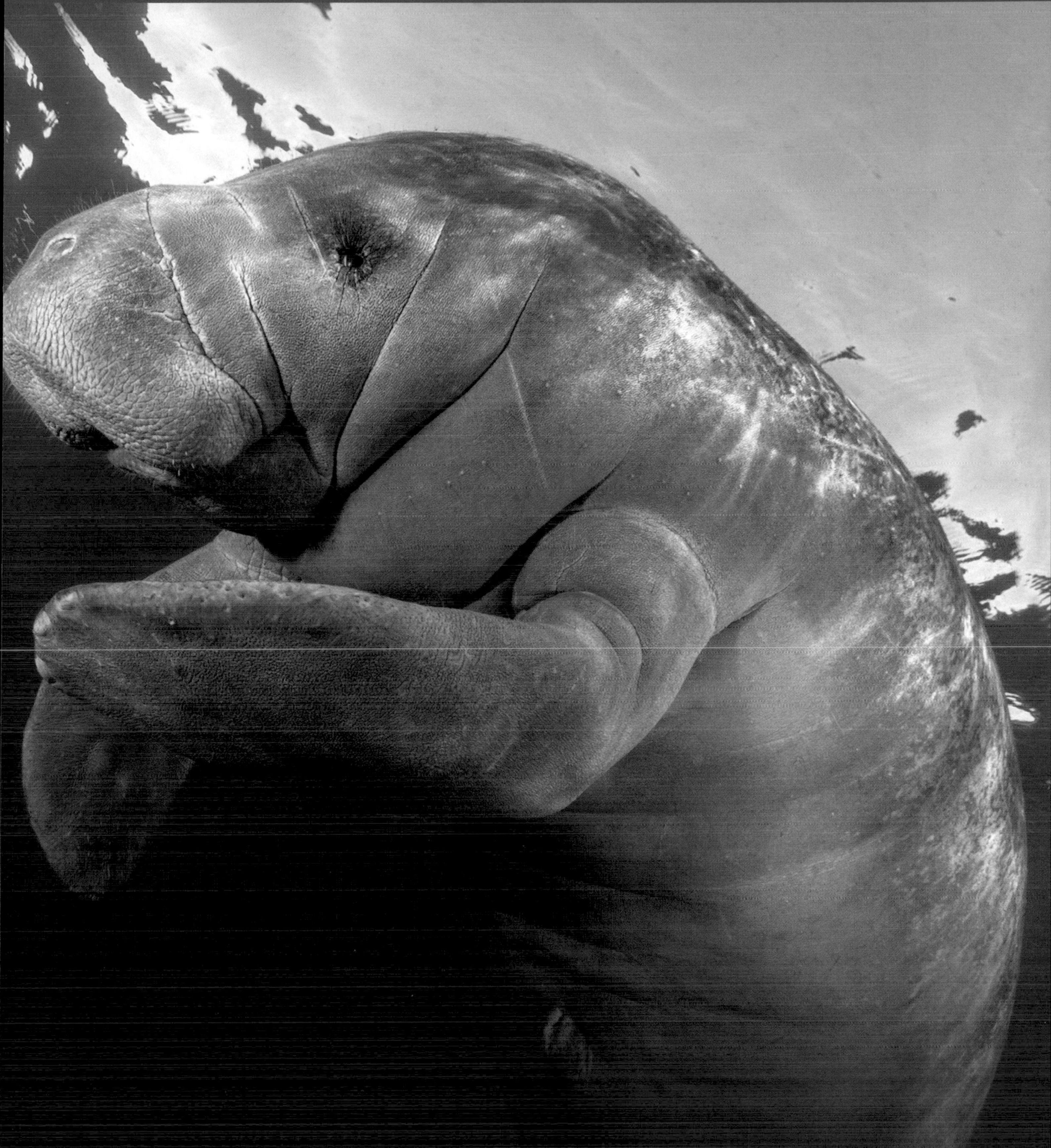

Las aguas con temperaturas mayores a 68 °F (20 °C) son las mejores para los manatíes. Nadan usando su cola y aletas frontales. Las aletas de la mayoría de los manatíes tienen uñas. Estas se entierran en la arena para ayudar al manatí a "caminar" bajo el agua.

A pesar de su gran tamaño, los manatíes tienen poca grasa y sienten frío con facilidad.

Los manatíes pueden aguantar la respiración hasta 20 minutos. Abajo del agua, buscan plantas para comer. Mastican con seis muelas grandes.

Los manatíes comen el equivalente a entre el 10 y 15 por ciento de su peso corporal por día.

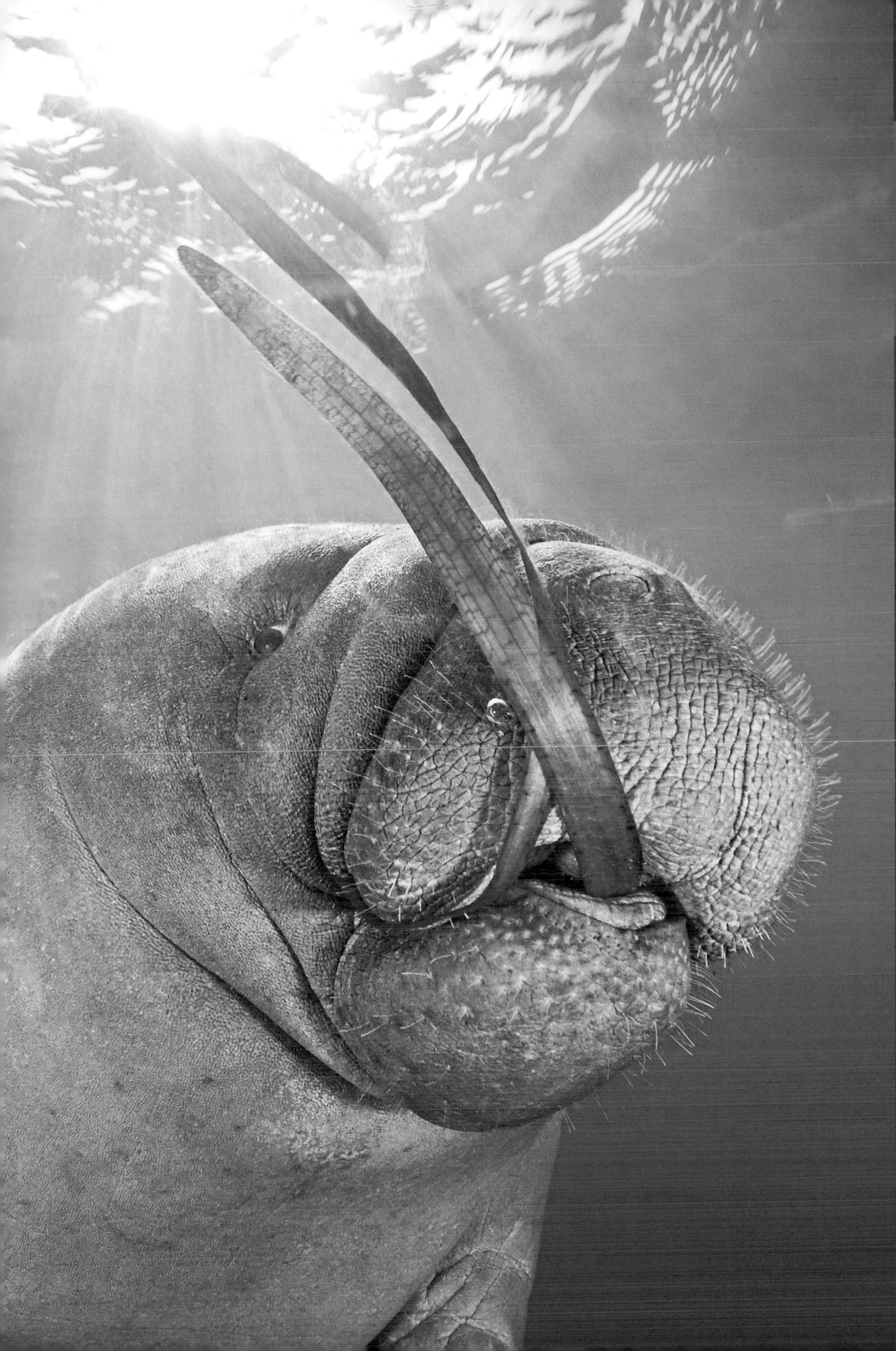

*Las madres levantan
a sus crías hacia
la superficie para
ayudarlas a respirar.*

La madre normalmente tiene una **cría** a la vez. El recién nacido pesa entre 60 y 70 libras (27,2–31,8 kg). La cría nada con su madre. Come plantas y bebe la leche de su madre durante dos años, aproximadamente.

cría manatí bebé

Los manatíes comúnmente se reúnen en grupos pequeños. Buscan comida en los mismos lugares. Es posible que jueguen juntos. Frotan sus caras o se tocan las aletas.

A un grupo más grande de manatíes se le llama agrupación.

Los manatíes pasan entre seis y ocho horas al día buscando alimento. Duermen entre 8 y 10 horas al día. El manatí puede dormir bajo el agua. Pero aún así, tiene que respirar aire cada varios minutos.

Normalmente, el manatí solo aguanta la respiración durante tres a cinco minutos.

Algunas personas nadan con manatíes en Florida. Flotan en el agua. Los manatíes nadan a su alrededor. ¡Puede ser divertido ver de cerca a estos amables gigantes!

El manatí, que se mueve despacio, nada a una velocidad aproximada de cinco millas (8 km) por hora.

Un cuento del manatí

En Portugal, la gente contaba una historia sobre cómo los manatíes y las sirenas estaban conectados. Hace mucho tiempo, una tormenta tiró a un hombre de su barco. Una sirena lo salvó, cerca de África. Él le pidió a la sirena que se fuera con él. Ella se fabricó un abrigo grueso para poder nadar en aguas frías. Pero el hombre no pudo regresar por ella. Así que ella sigue nadando a lo largo de la costa africana en forma de manatí.

Índice